Jesús Marchamalo

Kafka con sombrero

Jesús Marchamalo

Ilustraciones de Antonio Santos

Kafka con sombrero

Nørdicalibros
2024

© Jesús Marchamalo
© De las ilustraciones: Antonio Santos
© De esta edición: Nórdica Libros, S. L.
   C/ Doctor Blanco Soler 26, 28044 Madrid
   Tlf: (+34) 91 705 50 57
info@nordicalibros.com
Primera edición en cartoné: marzo de 2024
ISBN: 978-84-10200-31-9
Depósito Legal: M-4257-2024
IBIC: DN
Thema: DN
Impreso en España / *Printed in Spain*
Gracel Asociados
Alcobendas (Madrid)

Corrección ortotipográfica: Victoria Parra y Ana Patrón

A Marta Santos
y a Julio y Andrés Marchamalo
Con cariño
Con sombrero

Un día, asomado a una ventana de la casa de sus padres, junto a su profesor de hebreo, allí en la vieja Praga, fue indicando con el dedo, cuidadoso, despacio, los lugares de la ciudad que, como puntos cardinales —norte, sur, este, oeste—, delimitaban su mundo diminuto. Ahí, en la calle Celetná —señaló—, el instituto; detrás, sobre la línea opaca de tejados, cúpulas y buhardillas, la universidad, donde se licenció en Derecho, y a la izquierda, un poco más arriba, la oficina. Un edificio de aspecto severo, algo intimidatorio: la Mutualidad de Seguros y Accidentes Laborales de Bohemia, en el que trabajaba. Un mundo a su medida, ordenado y minúsculo como el de los relojeros, confortable y también vagamente opresivo como un par de zapatos un número pequeño que le rozaran, lacerantes, el talón.

Era alto, anguloso, infinitamente delgado. Pelo negro abundante, partido en dos por una raya como una línea férrea que le llegaba un poco más arriba del cogote. Cejas rectas, labios finos, fruncidos, y esa desenvoltura impostada de los adolescentes. Vestía trajes oscuros, con frecuencia sombrero, a veces aquel bombín ridículo, pequeño, casi de utilería, como un disfraz de fiesta u opereta. Y los ojos alucinados, diríase febriles: la mirada velada por esa nube misteriosa de la luz de magnesio de las fotografías antiguas. Apenas un reflejo, un destello apagado, que parecía desvelar en sus ojos —de un color gris azulado, oscuro, según su pasaporte— un secreto por todos ignorado.

Llegaba siempre tarde, y también le gustaba esperar. Un afán casi infantil por demorar cuanto ocurría, aplazarlo. Y así, cuando tenía

una cita, aparecía de repente, apurado, las piernas como accionadas por invisibles engranajes: piñones y pistones, ruedas dentadas, bielas, mientras pedía disculpas, una sonrisa apenas esbozada y una mano que se llevaba al pecho, dedos largos y finos, como si fuera un actor de melodrama.

Hay una foto suya delante de aquella casa —la Casa Opplet, se llamaba— en la que posa envarado con abrigo, el pavimento adoquinado de la calle, y unos zapatos negros, brillantes como caparazones. Semeja ser un pájaro, un grajo azul oscuro, de ojillos vivarachos y acechantes como ese del membrete de su padre; *kavka* es «grajilla» en checo y se pronuncia igual. Su padre, Herrmann Kafka (acabaría quitándose una erre, primero, y después una ene de su nombre para que sonara menos germánico), severo y autoritario, tiránico en el trato, pelo corto a cepillo, propietario de un negocio de ropa

y complementos de caballero, y su madre, Julia Löwy, ambos de familia judía, hija de Jakob Löwy, dueño de una mercería y una próspera fábrica de cerveza. El joven Kafka (Praga, 1883) vivió una infancia de orfandad y nodrizas, flequillo desfilado, puntillas y botines, y esa frialdad austera y silenciada de la muerte: sus dos hermanos, Georg y Heinrich, muertos de un sarampión a los seis meses, el primero, y de otitis, el pequeño, después, solo con año y medio.

Una vez, recordaba, de niño, le regalaron una moneda de diez *kreutzer*, una pequeña fortuna infantil que decidió dar a un viejo mendigo que pedía cerca de su casa. Pero le pareció tan inmensa la suma de dinero, tan ofensiva aquella moneda en manos de un niño, que decidió cambiarla en una tienda. Así, se acercó y le dio primero un *kreutzer* y, tras rodear corriendo la manzana, otro más antes de perderse por la esquina, de nuevo, y volver para darle un tercero,

y así cuatro, cinco, seis veces, dichoso y exultante, hasta que el hombre, sospechando de aquel raro, caprichoso muchacho, huyó asustado. Volvió a casa agotado, lloroso, y le contó a su madre, entre hipidos y mocos, lo que le había ocurrido. Y vio cómo le sonreía, cómplice, comprensiva, y cómo, para enjugar su llanto, le daba otra moneda de diez *kreutzer*.

Después nacieron sus hermanas, Elli, Valli y Ottla, su favorita, que morirían en los campos de exterminio que asolaron Europa en los tiempos de sombra —Auschwitz, Dachau, Treblinka—, el horror: alambradas y hornos crematorios, calaveras y estrellas amarillas bajo el mástil homicida de la esvástica.

EL TÍO DE MADRID

Tenía también tres tíos: Rudolf, Alfred y Siegfried. Con Rudolf, contable en la fábrica familiar, lo comparaba su padre cuando quería mortificarlo: «Acabarás como él», le decía moviendo ante sus ojos el dedo regordete, iracundo como si le lanzara un maleficio. «Serás otro inútil más en la familia». Alfred, su «tío de Madrid», que vivía en la Calle Mayor, cerca de la Puerta del Sol, fue director de una importante empresa ferroviaria en España y quien le recomendó para su primer empleo. Y Siegfried, médico rural en Triesch, y aficionado al naturismo. Con él pasó las vacaciones en el verano de 1907, inolvidables, montando en moto, pastoreando cabras, tomando el sol después de la comida y bebiendo cerveza por la noche hasta horas intempestivas, mientras esquivaba a una joven que lo perseguía de manera incesante, «exasperante», especificó en una carta el joven K., escogiendo el adjetivo con el cuidado con el que se maneja un explosivo.

Con el tiempo se haría vegetariano y hablaba de cómo su padre, durante las comidas, se tapaba la cara con el periódico, irritado, resoplando como una vieja caldera, para no ver aquella selección de nueces, yogures, uvas, plátanos, peras, pasas, almendras y naranjas que desplegaba sobre la mesa como si hubieran salido, allí mismo, del cuerno de la abundancia. También fue seguidor del *fletcherismo,* una moda nutricionista que entre otras cosas exigía masticar cada bocado treinta y dos veces exactas, ni una más ni una menos, y adicto a balnearios y casas de salud.

Después de aquel verano ingresó en la Assicurazzioni Generali —horario partido hasta las seis de la tarde, quince días de vacaciones cada dos

años, horas extras sábados y domingos— tras someterse a un examen médico, obligatorio para todos los empleados y que todavía se conserva en los archivos de la entidad: medía un metro ochenta y pesaba sesenta kilos. El médico lo encontró relativamente débil y delicado, según se especifica en el informe, pero su estado general era saludable. Sin embargo fue un nadador entusiasta en la Escuela Civil de Natación, a la que acudía con frecuencia, y donde guardaba un bote de remos, el *Bebedor de Almas*, con el que se ejercitaba en el Moldava. «Alemania ha declarado la guerra a Rusia —escribió en su diario el 2 de agosto de 1914—, por la tarde fui a nadar». También hacía gimnasia de forma regular, desnudo en su habitación con la ventana abierta, siguiendo el entonces popular «Sistema Müller» que prometía, con quince minutos diarios de ejercicios, activar la circulación sanguínea y desarrollar la condición física de quienes lo practicaban. Y caminaba, siempre a grandes zancadas, marciales, solo o acompañado por su amigo Max Brod, una hora al día, a veces más, por las calles de aquella Praga suya, un laberinto de recovecos y pasajes, callejas, plazas, puentes, que conocía como la palma de su mano.

Le gustaba montar en tranvía (disfrutaba dejándose caer en marcha desde la plataforma) que, a veces, tomaba hasta la última parada para después regresar a casa andando. En uno de aquellos trayectos chirriantes, en el Berlín de los primeros años veinte, coincidió más de una vez con Vera Nabokov, que aun sin saber quién era, recordó siempre su palidez extrema, la piel tirante de su cara y aquellos ojos suyos, hipnóticos, borrosos como un cristal esmerilado, que parecían brillar como un fulgor mortecino en una cueva.

Solía cenar con sus padres y sus hermanas, la doncella, tres gatos y un canario. «El cuartel general del alboroto», escribió de aquellas casas (más de veinte a lo largo de su vida), todas casi vecinas, en las que fue trazando un prolijo inventario de sonidos y ruidos irritantes: carcajadas, portazos, carreras, gritos, llantos, platos, vasos, cubiertos que chocaban entre sí o que acababan en el suelo, golpes, caídas, batientes de ventanas, relojes y cristales. Había también jaleo en los pasillos; las criadas de los pisos superiores que tendían la ropa blanca en la terraza y que hacían sonar sus chanclos, o el ronroneo de la maquinaria del ascensor que se transmitía por vigas y tabiques, como un murmullo sordo, y que no solo no amortiguaba la distancia sino que la amplificaba para mortificarle. Mientras, sonaban timbres, toses, muelles, cisternas... Hasta el golpe apagado de la puerta del horno en la cocina —clap— le molestaba.

Durante una larga temporada se aficionó al teatro y un par de veces por semana se acercaba

al Café Savoy, en la Ziegenplatz. Un bar de mala nota donde actuaba una compañía de actores judíos con los que llegaría a intimar. Allí, veladores de mármol y sillas de madera, se enamoró en secreto de una de las actrices, una mujer de apellido impronunciable, Tschissik, con quien vivió una pasión sin esperanza y a quien nunca, siquiera, le declaró su amor. Una noche le llevó un ramo de flores, tal vez rosas, con una tarjeta en la que se leía un misterioso y audaz: «En agradecimiento». Pero al final venció su timidez y lo dejó sobre una mesa. Al acabar la función, vio cómo alguien lo cogía y lo arrojaba sobre el escenario y ella, la señora Tschissik, ese nombre que era como un susurro, un cosquilleo excitante en el oído, saludando coqueta a los aplausos, ni siquiera se paró a recogerlo.

LA MAZMORRA DE PAPEL

El despacho en el que trabajaba era espacioso y asfixiante de un modo inesperado: una ventana a la calle, techos altos, dos puertas. Una daba al pasillo, lleno de archivadores, estrecho, umbrío, donde se respiraba un olor ácido y acre a tabaco y a goma arábiga; la otra conducía al despacho contiguo y desde allí al siguiente como una sucesión de cajas chinas. También había dos mesas de escritorio: a la izquierda la suya, siempre desordenada —«ese bosque de informes y expedientes», se lamentaba—, y enfrente, la de su compañero Treml: cuello ancho, chaleco abotonado, corbata, ojos saltones y un tono de infinita impertinencia, altanero y mordaz que le cohibía.

Allí llegaba cada mañana, siempre un poco más tarde de las ocho. Un empleado modélico y diligente que elaboraba minuciosos dosieres y expedientes y que fue ganando ascensos en aquella pirámide jerárquica de plumas fuente, sellos de caucho y bandejas de baquelita. Fue redactor de borradores, vicesecretario, secretario y secretario jefe que firmó siempre los informes con sus dos iniciales: F. K. Cuando se jubiló, en el otoño de 1922, asediado por la tuberculosis, quedó en el perchero una chaqueta gris que guardaba para los días de lluvia y, sobre la mesa, un portaplumas de cristal con dos lápices, y una taza de té que alguien ordenó tirar a la basura.

Al despacho, en la segunda planta, llegaban casi a diario las cartas de Felice, su prometida. Las recogía de la bandeja del correo temblando como si fuera un niño, y las leía una y otra vez con la ansiedad de los hambrientos hasta aprenderlas casi de memoria. Después, las llevaba con él durante días, rozándole la piel como si fueran un escapulario.

Felice Bauer. La había conocido en casa de los padres de Max Brod, y quedaron en viajar juntos a Palestina. «Soy poco constante escribiendo», le advirtió en una de sus primeras cartas. «Tampoco espero que me respondan», añadía. Sin embargo, en un año le envió algo más de quinientas. Le escribía de manera enfermiza, compulsiva, una, dos y hasta tres cartas al día que enviaba certificadas y llenas de adjetivos —exquisitas zalamerías dulzonas— y en las que se interesaba por lo que iba a comer, los nombres de sus amigas o el color de sus trajes y vestidos. «Muy distinguida amiga», fue el encabezamiento a lo largo de las primeras cinco semanas; de ahí pasó a «Querida» después de otra semana más; y a «Queridísima Felice» tras dos meses de cruzar correspondencia y telegramas. Concertaron dos veces su boda —ambas la suspendieron— y posaron para una foto juntos. Ella, sentada, blusa blanca y falda de color gris, sujetando su bolso en el regazo, y él de pie, detrás, elegante, traje y corbata, sonrisa preparada, y la mano izquierda que roza perezosa, con el dorso, desganada, la falda. Más tarde se escribiría, también, con Milena Jesenská, la joven de la mirada turbadora y una carnal, indómita belleza, el pelo apenas recogido, que tradujo algunos de sus libros.

Escribía a mano, con pluma y tinta negra, en cuartillas o cuadernos en los que también a veces dibujaba paisajes y hombrecillos apenas esbozados —«marionetas negras», los llamaba— que vestían de luto riguroso. Tenía una letra tortuosa, de mayúsculas grandes, emes de trazos juguetones y tes que coronaba con travesaños firmes como cruces. Entendía la literatura como un acto sagrado, casi religioso, como una forma de oración, una liturgia sacra y fervorosa. Durante años escribió de noche, solo en su habitación,

insomne, hasta quedar exhausto de madrugada. Antes deambulaba por la casa, inquieto e irritable, perdía el apetito, desatendía la higiene y se mostraba ausente, descontento, antes de sentarse en su escritorio casi a oscuras, inmóvil durante horas —las piernas entumecidas— como quien se refugia en una madriguera.

CARTERO DE MUÑECAS

Y un día, en Berlín, paseando por el parque Steglitz con Dora Diamont, una actriz de diecinueve años que cuidó de él los últimos meses de su vida, se encontraron a una niña que lloraba desconsoladamente porque había perdido su muñeca. Kafka, para consolarla, le inventó una historia: su muñeca estaba bien y la quería pero, aburrida de su vida rutinaria, había decidido viajar y conocer mundo. Lo sabía —le contó— porque él era cartero de muñecas y había recibido una postal que al día siguiente llevó con él al parque y le leyó en voz alta. Y así, casi a diario, se encontraba con la niña a quien leía las cartas de su muñeca en las que le contaba siempre nuevas aventuras: iba al colegio, tenía amigas y, finalmente, conocía a un chico con quien se casaba y tenía una familia. El juego se prolongó durante algo más de tres semanas. Y al final Kafka, enfermo, le regaló a la niña otra muñeca.

Empezó a tener espasmos abdominales, pinchazos en el pecho, sufría insomnio y sueños delirantes. La noche del 12 al 13 de agosto de 1917, había vomitado sangre, «el agravante del germen general de la muerte», escribió. Fue el inicio de un calvario de hospitales, médicos y diagnósticos que no eran más que un coqueteo con la muerte. Esa muerte aplazada y certera. A veces, pasaba el día, febril, envuelto en un edredón, tiritando, con la espalda apoyada en algún radiador de la casa. Otras, por el contrario, mejoraba, comía y engordaba, y hacía planes con la fe primordial de los creyentes: tener un restaurante en Palestina, donde Dora sería la cocinera y él serviría las mesas. Llegó a pesar apenas cuarenta y cinco kilos, todo

huesos y sonrisas heladas, y en los hospitales señalaba resignado, como un profeta enfrentado a su destino, las camas vacías de los pacientes que habían fallecido. En la primavera de 1924 llegó a Kierling, un sanatorio en las afueras de Viena, donde disponía de una habitación amplia y soleada. Había pedido a su amigo Max Brod que quemara sus manuscritos y papeles. Brod no le hizo caso y así hoy podemos leer *El proceso, El castillo,* los *Diarios…* Parte de esos cuadernos, notas y correspondencia pasaron años guardados dentro de una nevera en desuso en un apartamento en Tel Aviv, antes de llegar a la Biblioteca Nacional de Israel.

Respiraba con dificultad y le ardía la garganta. A veces tomaba el sol —ese sol cálido, abrigador, de los convalecientes—, los ojos desvelados y su voz de barítono, melodiosa, convertida en mordaza, en lija áspera. Las últimas semanas apenas podía hablar, y se comunicaba por medio de notas que escribía en pequeños pedazos de papel. Algunas se conservan: «Un poco de agua, estos trocitos de pastilla se pegan como cristal», dice en una de ellas. En otra, unos pocos días más tarde, pregunta: «¿Es posible que pare temporalmente el dolor? Por un tiempo más o menos largo, digo». Otro día escribe a Dora, sentada allí a su lado: «Ponme la mano en la frente un momento, para darme valor». Se preocupa también por las flores que mandan sus amigos. Pedía jarrones altos para que el borde del cristal, afilado, no lastimara los tallos ni las hojas, sobre todo las de las peonías, tan frágiles. Las veía languidecer sobre una mesa, al fondo, como un presagio, enfrente de la cama, sedientas como él y también moribundas.

Las cartas que le escribió a Dora fueron requisadas por los nazis en un registro en su casa en 1933, y nunca aparecieron. Milena salvó las suyas entregándolas a un amigo poco antes de ser detenida por la Gestapo. Murió en el campo de concentración de Ravensbrück en mayo de 1944. También su tío Siegfried quedó atrapado en la sombra homicida del nazismo. Decidió suicidarse antes de ser detenido.

Kafka murió a mediodía del 3 de junio de 1924 con una bolsa de hielo en la garganta que pretendía aliviar su tuberculosis de laringe. Dejó de respirar. Dora estaba a su lado y le cerró los ojos. Está enterrado en Praga. Al cementerio judío, en el barrio de Strašnice, acudió un día una muchacha, Nelly, a quien una vez, siendo niña, el joven K. le había escrito una carta. Y lloraba allí sola, desconsolada, porque la había perdido, sabía que nunca más ya nadie le escribiría otra igual, y empezaba a olvidar lo que decía.

Es costumbre dejar en su tumba —«Dr. Franz Kafka», se lee— piedrecitas y flores, y a veces también algún escarabajo dibujado.

Esta edición de *Kafka con sombrero*,
compuesta en tipos Arno Pro 13,5/20 sobre papel offset
Natural de Torras de 150 g, se acabó de
imprimir en Madrid el día 22 de enero de 2024,
aniversario del nacimiento de August Strindberg